A BÍBLIA EXPLICA
Seguro para sempre?
O que a Bíblia diz sobre: Salvação

DAVID PAWSON

ANCHOR RECORDINGS

Copyright © 2018 David Pawson

SEGURO PARA SEMPRE? *O QUE A BÍBLIA DIZ SOBRE: SALVAÇÃO*
ETERNALLY SECURE? *WHAT THE BIBLE SAYS ABOUT BEING SAVED*

Os direitos autorais referentes a este livro são assegurados a David Pawson, de acordo com a Lei de Direitos Autorais, Desenhos Industriais e Patentes de 1988 (Reino Unido).

Uma publicação da Anchor Recordings Ltd
DPTT, Synegis House, 21 Crockhamwell Road,
Woodley, Reading RG5 3LE, UK

Todos os direitos reservados.

Nenhuma parte desta publicação pode ser reproduzida ou distribuída, em qualquer forma ou por quaisquer meios, sejam eles eletrônicos ou mecânicos, incluindo fotocópias e gravações, ou por qualquer sistema de armazenamento e recuperação de informações, sem autorização prévia, por escrito, da Editora.

**Para obter outros materiais de ensino de David Pawson,
inclusive DVDs e CDs, acesse**
www.davidpawson.com

PARA DOWNLOADS GRATUITOS
www.davidpawson.org

Mais informações pelo e-mail
info@davidpawsonministry.com

ISBN 978-1-911173-84-7

Esta publicação baseia-se em uma palestra. Por originar-se da palavra falada, muitos leitores considerarão seu estilo um tanto diferente do meu modo costumeiro de escrever. Espero que isto não venha a depreciar a essência do ensino bíblico encontrado aqui.

Como sempre, peço ao leitor que compare tudo o que digo ou escrevo ao que se encontra registrado na Bíblia, e, caso perceba um conflito em qualquer ponto, sempre fie-se no claro ensino das Escrituras.

David Pawson

A BÍBLIA EXPLICA
Seguro para sempre?
O que a Bíblia diz sobre: Salvação

Meu livro *The Road to Hell* [A estrada para o inferno] foi anunciado da seguinte forma em uma revista da Inglaterra: "Leia *The Road to Hell*, a autobiografia de David Pawson". O livro, na verdade, é fruto de um milagre. Eu estava a caminho de uma conferência na Itália e minha bagagem consistia em uma mala grande com minhas roupas e uma maleta preta. Na maleta estava o manuscrito completo do livro. Redijo todos os meus livros com caneta tinteiro, e aquele era o único manuscrito do livro. Era meia-noite quando cheguei em Bolonha. No trajeto para o estacionamento, estava escuro e caía uma forte chuva. O pastor que me recebeu disse: "Entre no carro, que vou colocar sua bagagem no porta-malas". Uma hora depois, quando chegamos à sua casa, ele retirou minha mala grande do porta-malas e o fechou em seguida. Avisei: "Espere, tenho uma maleta também".

"Não", respondeu ele, "só havia esta mala". A escuridão e a forte chuva o impediram de ver a outra maleta no carrinho de bagagens. "Mas", retruquei, "todas as minhas anotações para a conferência estão naquela maleta, além do manuscrito completo de um livro intitulado *The Road to Hell*. Já era madrugada, mas ainda assim voltamos ao aeroporto. Não havia sinal da maleta, tampouco do carrinho de bagagens. Procuramos o setor de achados e perdidos. A maleta não havia sido entregue por ninguém. Fomos à polícia e relatamos: "Perdemos uma maleta", e o policial, sorrindo, indagou: "Você perdeu uma maleta na Itália?" – estava implícito que nunca mais a encontraríamos.

Naquela noite, alojado em uma garagem, ajoelhei-me ao lado da cama de acampar e orei: "Deus, o Senhor me concedeu uma maravilhosa oportunidade de descobrir se deseja de fato que esse livro seja publicado. Se essa for tua vontade, o Senhor terá de encontrá-lo e trazê-lo de volta porque eu não vou escrever o livro outra vez. Caso o Senhor não queira a publicação do livro, eu não o quero de volta". No dia seguinte, viajei mais de 150 km até a costa do Adriático, onde ficava o hotel da conferência. De manhã bem cedo, fui caminhar na praia. Um simpático cão me fez companhia e tivemos um tempo agradável. Quando retornei ao hotel, um homem veio em minha direção e colocou a maleta em minhas mãos. Até hoje, não sei quem era ou de onde vinha. Isso aconteceu a mais de 100 km de distância, na manhã seguinte! Abri a maleta e lá estava o manuscrito, porém as páginas estavam fora de ordem. Levei aproximadamente uma hora para reordenar as páginas, mas nada estava faltando. Foi assim que o livro veio a ser publicado, portanto estou certo de que era vontade de Deus que eu o publicasse. Trata-se de um tema pouco popular.

Penso agora em outro livro. *Once Saved, Always Saved* [Uma vez salvo, salvo para sempre] foi escrito por um querido amigo, o Dr. R. T. Kendall, de quem seguramente você já ouviu falar. Publiquei um livro com o mesmo título, com a adição de um ponto de interrogação – discordamos a respeito desse ponto.

Em meu breve livro sobre Graça, falei sobre a graça e a graça salvadora. Destaco ali duas outras perspectivas da graça: uma delas é conhecida como graça *soberana*, a outra, graça *livre*. Um ponto sobre o qual ambas estão de acordo é "uma vez salvo, salvo para sempre", mas por razões completamente distintas. A "graça soberana" afirma que a graça é irresistível. Ela o forçará a ser salvo, e o forçará a ser guardado de tropeçar. Ela o conduzirá à completa salvação, e não há nada que você possa fazer a esse respeito. Deus assim decidiu. Ele o escolheu, portanto você será "uma vez salvo, salvo para sempre". A "graça livre" também concorda com isso. A "graça livre" está mais presente na escola dispensacionalista, enquanto a "graça soberana" origina-se na escola reformada ou calvinista. A "graça livre" também afirma que, quando você se converte a Cristo, estão perdoados não somente os pecados passados, mas também seus pecados futuros. Portanto, nada do que você possa fazer impedirá o processo de salvação. Não importa o que você faça, sua salvação já está determinada. Você está salvo.

Creio que minha dificuldade com essa frase não se deva apenas ao fato de que ela não se encontra na Bíblia, mas também à minha discordância de sua primeira parte. Esta é minha dificuldade: *Ainda não estou salvo,* portanto não posso estar salvo *para sempre.* Um dia gritarei a plenos pulmões: "Fui salvo, portanto estou salvo para sempre" – mas ainda não posso fazer tal afirmação. Quando minha salvação estiver completa, quando o marido de minha esposa for perfeito, então exclamarei: "Uma vez salvo, salvo para sempre!". O ponto mais importante (e vou repeti-lo bastante aqui) é: "O que 'salvo' significa para você?". No meu entendimento, ser salvo é estar livre de todos os pecados, cumprindo exatamente o propósito de Deus para minha vida – restaurado à perfeita imagem de Deus. Visto que Cristo é a perfeita imagem de Deus, ser salvo significa, na verdade, que devo ser como Jesus. Esse é o objetivo da salvação. Deus quer nos restaurar.

Tudo isso tem origem no início da criação, pois uma das indagações que devemos fazer é: "Por que Deus nos criou?".

É uma pergunta importante. A resposta é: "Ele já tinha um Filho e isso o alegrava tanto que ele desejou uma família maior". Não consigo explicar de forma mais simples a razão pela qual Deus criou você e eu. Deus desejou uma família maior, filhos criados à imagem de seu Filho. Até que sejamos como seu Filho, Deus não pode desfrutar inteiramente de sua família. Seu próprio Filho era fiel e obediente; por isso, quando também formos perfeitos em amor, ele poderá desfrutar por completo da vida em família conosco. Foi por essa razão que ele criou o mundo. Foi por essa razão que ele nos criou. É possível compreender isso. Pais que amam seu primeiro filho desejam ter outros filhos. Essa era a intenção de Deus na criação. Se olharmos diretamente ao final da história, encontraremos a outra direção desse propósito, pois descobrimos que a intenção de Deus é criar um universo totalmente novo, onde não entrará o pecado; um universo que jamais será poluído ou arruinado pela guerra. Ele anulará este universo presente e criará um novo universo. Portanto, se Deus vai povoar esse novo universo com pessoas, é necessário, primeiramente, que ele as torne perfeitas. De outra forma, o que aconteceu com este universo se repetirá.

Ouvi uma história sobre um professor que inventou um televisor que poderia ser sintonizado no futuro, revelando o que iria acontecer. Quando ele reuniu algumas pessoas para demonstrar seu novo televisor pela primeira vez, elas lhe pediram que sintonizasse a TV 30 anos adiante. Ele girou o botão até o número 30, e quando a imagem surgiu, todos se sobressaltaram. A terra estava devastada. Até onde conseguiam enxergar, nada havia além de cinzas por todos os lados. Era evidente que um holocausto nuclear acontecera e tudo desaparecera. Então, para surpresa dos que fitavam a tela, algo começou a se mover entre as cinzas, e de lá saiu um macaquinho. Olhando em volta, exclamou: "Eles conseguiram, não é? Sou o que resta de vida por aqui". O macaquinho sentou-se, com uma expressão triste e desanimada, e, de repente, a poucos metros, as cinzas se moveram novamente e de lá saiu uma macaquinha. O macho pensou: "A vida não é tão ruim assim". Foi até ela, tomou-a pela mão e disse: "Veja o que as pessoas fizeram. Não temos nada para comer". E a fêmea respondeu: "Bem, eu tenho algo. Consegui salvar alguma coisa". Abriu a mão e lá havia uma pequena maçã. O macaco olhou para a maçã e afirmou: "Não vamos começar tudo outra vez".

Quando olhamos adiante, vemos um novo céu e uma nova terra e um novo povo habitando esse lugar – pessoas que nunca destruirão esse novo mundo; um lugar onde não há pecado ou tentação e tudo pode ser desfrutado ao máximo. É isso que Deus tem em mente. Foi o que ele planejou para o jardim do Éden, mas logo o jardim foi corrompido. Ele o fará novamente, porém, dessa vez, está preparado para transformar as pessoas que destruíram este mundo em criaturas perfeitas e restauradas à sua imagem, que serão capazes de cuidar de seu mundo da maneira correta. É uma excelente ideia, e esse é o futuro. Portanto, quer olhemos para o início da criação ou para o futuro de uma nova criação, vemos em tudo o plano e o propósito de Deus de ter uma família maior, que lhe traga prazer e com quem ele possa ter verdadeira comunhão. Esse é o propósito de Deus.

É por essa razão que friso, mais uma vez, que a salvação é *um processo que leva tempo*. É o processo de transformar velhos pecadores como nós em novas pessoas. Acontece dessa forma porque Deus nos ama. Ele poderia ter dito: "Vou destruir este mundo e aniquilar todas as pessoas que nele estão e começar novamente". Ele poderia fazer isso. Nos dias do dilúvio de Noé, ele quase o fez. Deus extinguiu toda uma geração, salvando uma família apenas. Infelizmente, um dos primeiros atos de Noé ao sair da arca foi embriagar-se e expor-se ao próprio filho. A triste história começou novamente. É quase como se Deus dissesse: "Tudo bem, isso não funciona, preciso de um plano melhor". Seu plano era salvar pecadores e torná-los santos e depois criar o novo mundo.

Percebe que a criação se repete, porém na ordem inversa? Na primeira criação, ele criou os céus e a terra, e somente depois colocou pessoas para viver ali. Dessa vez, ele começou transformando as pessoas. Quando tiver o número suficiente de seres humanos prontos, ele finalmente criará um novo céu e uma nova terra. Estamos na segunda semana da criação – Deus voltou ao trabalho e está criando outra vez. A propósito, essa é a única razão pela qual adoramos no domingo e não no sábado. Os judeus adoram no sábado celebrando a conclusão da antiga criação. Nós adoramos no domingo em celebração ao início de uma nova criação.

Uma vez salvo, salvo para sempre? O que significa ser "uma vez salvo"? Eu já lhe disse que significa ser perfeito. Significa sermos quem Deus deseja que sejamos. Isso vai exigir tempo dele e nosso. Os três estágios da salvação são: livres da *punição* do pecado – o que chamamos de "justificação"; livres do *poder* do pecado – o que chamamos de "santificação"; e livres da *possibilidade [ou presença]* do pecado – estágio chamado de "glorificação". Esses são os três estágios que Deus tem em mente, e *a salvação compreende todos eles*. Você não pode afirmar "fui salvo" até que alcance todos os três. É provável que esse momento coincida com o retorno do Senhor à terra. Certo versículo de Hebreus afirma que ele virá uma segunda vez, não para lidar com o pecado, mas para trazer salvação aos que estiverem esperando por ele – e eu estou à espera dele. Esse é o futuro, estou aguardando minha salvação. Mal posso esperar para ser salvo, porque somente então poderei exclamar: "Uma vez salvo, salvo para sempre" – pois a obra estará completa. Se você afirma isso antes, é porque acredita que a obra está completa. Ao usar o verbo "salvar" somente no pretérito, olhando para trás, e afirmar "fui salvo", você se expressa como se o processo estivesse completo, como se tudo estivesse concluído. Costumo ensinar as pessoas a jamais afirmarem "Fui salvo em tal data e local", mas sim "*Comecei a ser salvo* em tal data e local". Que grande diferença essa perspectiva produz em seu pensamento.

Comecei a ser salvo em 1947, e é evidente a qualquer um que me conheça, especialmente minha esposa, que o processo ainda não está concluído. Ela sabe que ainda não cheguei lá, mas também sabe que não sou o que eu era. Admiro o homem que orou: "Senhor, não sou o que devo ser. Não sou o que serei, mas louvado seja Deus! Não sou o que era!". É o ponto onde todos estamos. Ainda não sou o que serei, mas, louvado seja Deus, não sou o que eu era! Esse é o processo de salvação que Deus está conduzindo. Ele está realizando a boa obra em mim e completará a obra que começou, desde que eu coopere com ele.

Veja bem, a pergunta é: "Posso interromper o processo de salvação? Posso postergá-lo? Posso cessá-lo por completo ou, como costumam dizer, posso perder minha salvação?". Bem, se você ainda não a tem por inteiro, não pode perdê-la totalmente, apenas *começou* a ser salvo. É possível perdê-la ou é por meio de um processo automático e inevitável que ela será completada?

Observe que sempre que a Bíblia fala sobre o processo de salvação ser concluído, ela não expressa certeza, mas confiança. Paulo, escrevendo aos Filipenses, afirma: "Estou convencido de que aquele que começou a boa obra em vocês vai completá-la até o dia de Cristo Jesus". Na carta aos Hebreus, Paulo faz o mesmo. Após um solene alerta de que os que caírem não podem ser reconduzidos ao arrependimento, ele acrescenta: "Estamos convictos de coisas melhores em relação a vocês". Não é o mesmo que afirmar: "Garanto que isso não acontecerá". É como dizer: "Tenho grande esperança de que, no seu caso, a obra será completa".

Observe os termos usados: "*convicto*", "*convencido*". Eles não expressam a ideia de "certeza absoluta". Seu verdadeiro sentido é: deposito uma grande esperança de que a obra em sua vida será concluída.

Devemos estudar a Bíblia um pouco mais a fundo e verificar algumas das passagens que ensinam que o processo de salvação pode ser interrompido e até completamente suspenso, sem jamais ser concluído. Você sabe onde encontrar essa informação na sua Bíblia? O Novo Testamento tem 80 passagens distintas que nos alertam a não permitir que o processo cesse. Cada autor do Novo Testamento traz um alerta aos cristãos para que não percam o que encontraram em Cristo. Para mim, 80 é suficiente!

Essas passagens de alerta raramente são ensinadas por pregadores. Apreciamos os textos que nos trazem garantias a respeito do futuro. Adoramos versículos do tipo: "Estou convencido de que nem morte nem vida, nem anjos nem demônios, nem o presente nem o futuro, nem quaisquer poderes, nem altura nem profundidade, nem qualquer outra coisa na criação será capaz de nos separar do amor de Deus que está em Cristo Jesus, nosso Senhor". Essa passagem encontra-se no final do capítulo 8 de Romanos e você a ouvirá citada muitas vezes. O que os pregadores não destacam é que, nessa lista do que não pode nos separar no amor de Deus, falta algo: *nós mesmos*. Já tinha observado isso? Quando Jesus afirma: "Ninguém os poderá arrancar da minha mão", não significa que você mesmo não possa escapulir. Toda aquela lista do que não pode nos afastar do amor de Deus não inclui: nós mesmos. É um consolo saber que ninguém e nada mais pode obstruir o processo de salvação, mas *você* pode. É esse ensinamento essencial que lhe ofereço aqui.

A Bíblia, invariavelmente, equilibra o quadro, e após um versículo desse tipo, não demora muito até encontrarmos outro que afirma algo bem diferente. Uma das 80 passagens do Novo Testamento que mencionei está em Romanos 11: "Se você não permanecer na bondade de Deus, você também será cortado" – assim como foram cortados muitos judeus. O texto fica somente uma página depois da maravilhosa afirmação em Romanos 8. Esse é o problema com nossa Bíblia. Deus não planejou a divisão da Bíblia em capítulos e versículos numerados. Não é possível citar referências com uma Bíblia que não tenha números em versículos e capítulos. Sabia que uma Bíblia assim já foi publicada [em inglês]? Agora você pode ter a Nova Versão Internacional sem os capítulos e versículos numerados. Certo amigo, professor de direito em uma universidade em Malibú, na Califórnia, produziu uma Bíblia sem a numeração de capítulos e versículos. Espero que você consiga uma cópia, pois isso o forçará a conhecer sua Bíblia um pouco melhor. Para encontrar nela qualquer informação, é necessário conhecer o contexto, então é necessário ler o contexto. Você não pode retirar um texto de um contexto para comprovar uma doutrina. Deve usar o texto aplicado a seu contexto.

Observei que quando um versículo nos diz que Deus é poderoso para nos guardar, outro versículo afirma que devemos guardar a nós mesmos. Que belo equilíbrio! Veja a carta de Judas. No final da carta, Judas afirma: "Deus é poderoso para impedi-los de cair e para apresentá-los diante da sua glória sem mácula e com grande alegria". Ele é poderoso para fazê-lo, mas, apenas três versículos antes dessa sublime promessa, outro versículo afirma: "Mantenham-se no amor de Deus". Aí está o equilíbrio, e se citar somente um desses dois textos, você estará em desequilíbrio. Outro exemplo é a carta de Paulo a Timóteo. Em certo versículo, ele afirma: "Ele é poderoso para guardar o meu depósito até aquele dia". Se lermos apenas esse versículo, deixaremos passar o versículo que está um pouco adiante, relacionado a esse: "Guardei a fé". O processo de salvação é uma cooperação entre você e Deus. Ele é poderoso para guardá-lo, mas você também tem uma parte a cumprir.

Esse equilíbrio está presente em toda a Bíblia, mas se você citar apenas o texto [um único versículo], obterá um equilíbrio unilateral – ou seja, terá uma visão desequilibrada. Sempre que lemos a respeito do poder de Deus que nos impede de cair, encontramos uma exortação para guardarmos a nós mesmos. Quando permaneço no amor de Deus, ele é poderoso para guardar o meu depósito. Esse é o equilíbrio. Essa é a verdade completa e não uma meia-verdade improvável. É nossa, portanto, a responsabilidade de continuar cooperando com Deus, de continuar crendo nele, de continuar reagindo à sua bondade, de continuar perseverando até o final. São os que perseveram até o fim que são salvos. Em outras palavras, sem rodeios: *Não são os que iniciam a vida cristã que são salvos, mas aqueles que a terminam em fé.* Que grande ensinamento! Muitos são os que começam e não terminam. O Novo Testamento está cheio de alertas sobre essas pessoas. A fé é um relacionamento contínuo de confiança e obediência. Enquanto guardarmos a fé, ele nos guardará.

Vamos examinar uma ou duas das 80 passagens que fazem esse tipo de afirmação. Já mencionei Romanos, mas gostaria de começar nos Evangelhos. Que tal João 15? "Eu sou a videira verdadeira", afirmou Jesus. "E meu Pai é o agricultor. Todo ramo que, estando em mim, não dá fruto, ele corta; e todo que dá fruto ele poda, para que dê mais fruto ainda. Vocês já estão limpos, pela palavra que lhes tenho falado." Então ele diz: "Permaneçam em mim, e eu permanecerei em vocês". Eis o equilíbrio mais uma vez. Continue em mim, e eu continuarei em você, mas o alerta implícito é: se você não permanecer em mim, eu não permanecerei em você. Aí está; mas o que acontecerá se não permanecermos nele? Ele continua: "Nenhum ramo pode dar fruto por si mesmo, se não permanecer na videira. Vocês também não podem dar fruto, se não permanecerem em mim. Eu sou a videira; vocês são os ramos. Se alguém permanecer em mim e eu nele, esse dá muito fruto; pois sem mim vocês não podem fazer coisa alguma". E então o alerta: "Se alguém não permanecer em mim, será como o ramo que é jogado fora e seca. Tais ramos são apanhados, lançados ao fogo e queimados. Se vocês permanecerem em mim, e as minhas palavras permanecerem em vocês, pedirão o que quiserem, e lhes será concedido. Meu Pai é glorificado pelo fato de vocês darem muito fruto; e assim serão meus discípulos". Aí está, perfeitamente claro. Você permanece, mantém-se, vive em mim e eu permanecerei em você, e juntos produziremos frutos.

Posso afirmar de forma muito clara: a vida eterna não está em mim, está em Cristo, e se eu permanecer em Cristo, tenho a vida eterna. Ele não me deu a vida eterna. Ela ainda está nele, como João afirma em outra passagem. *Essa vida está em seu Filho*. Não tenho a vida eterna em mim, mas a tenho em Cristo. Um ramo não tem vida em si mesmo. A videira tem a vida, e se o ramo permanecer na videira, viverá, mas se for cortado, morrerá. A vida eterna, portanto, eu tenho em Cristo. Não a tenho em David Pawson. Se eu permanecer em Cristo, continuarei a ter a vida eterna.

É o que João 3.16 na realidade afirma: "Porque Deus tanto amou o mundo que deu o seu Filho Unigênito, para que todo o que nele continue crendo não pereça, mas continue a ter a vida eterna" (minha tradução – o original grego apresenta esses verbos no presente contínuo). Aí está. Se você permanecer em Cristo, tem vida, mas se não permanecer, morrerá. Os ramos mortos são recolhidos e lançados no fogo. Essa, contudo, é apenas uma passagem e está no mesmo Evangelho onde lemos a afirmação de Jesus: "As minhas ovelhas ouvem a minha voz; eu as conheço, e elas me seguem. Eu lhes dou a vida eterna, e elas jamais perecerão; ninguém as poderá arrancar da minha mão". Precisamos contrabalançar as duas passagens e nos apropriar de toda a verdade. O Evangelho como um todo revela toda a verdade.

Voltemos agora a Romanos. Já citei aquele maravilhoso versículo: "Em todas estas coisas somos mais que vencedores, por meio daquele que nos amou. Pois estou convencido de que nem morte nem vida, nem anjos nem demônios, nem o presente nem o futuro, nem quaisquer poderes, nem altura nem profundidade, nem qualquer outra coisa na criação será capaz de nos separar do amor de Deus que está em Cristo Jesus, nosso Senhor". Maravilhosa promessa, mas vire apenas uma página e leia o capítulo 11, quando Paulo fala aos crentes gentios a respeito dos judeus. Ele destaca que nem todos os judeus conseguiram entrar na terra. Na realidade, entre os 2,5 milhões de judeus que deixaram o Egito, apenas dois entraram na Terra Prometida. Em uma de suas cartas aos Coríntios, Paulo afirma que essa é uma lição que todos nós devemos aprender. Sair do Egito é apenas o início. Chegar a Canaã seria o final da redenção divina para o povo, porém a maioria deles jamais conseguiu. Paulo afirma que isso nos serve de alerta. Não se trata de sair, mas de entrar. O segredo não está em começar, mas em terminar.

Tendo se referido a alguns dos judeus, muitos dos quais foram cortados do povo de Deus de uma ou de outra forma, Paulo afirma no versículo 18: "Não se glorie contra esses ramos" (os judeus que foram cortados). E continua: "Se o fizer, saiba que não é você quem sustenta a raiz, mas a raiz a você. Então você dirá: 'Os ramos foram cortados, para que eu fosse enxertado'. Está certo. Eles, porém, foram cortados devido à incredulidade, e você permanece pela fé. Não se orgulhe, mas tema. Pois se Deus não poupou os ramos naturais, também não poupará você. Portanto, considere a bondade e a severidade de Deus: severidade para com aqueles que caíram, mas bondade para com você, desde que permaneça na bondade dele. De outra forma, você também será cortado".

Paulo está falando a respeito dos judeus para os gentios, crentes em Jesus. Ele afirma que os judeus foram cortados, mas que isso não deve tornar os gentios arrogantes ou acomodados, porque Deus lidará com eles da mesma forma como lidou com os judeus. Ele é o mesmo Deus, e se você não permanecer em sua bondade, também será cortado. Não creio que seja possível distorcer essas palavras. Elas só podem conter uma mensagem, e a mensagem é que não estamos mais seguros do que os judeus se não continuarmos a confiar em Deus.

É uma passagem importante. Quantas vezes a ouvimos citada em pregações? O grande problema com todos nós, pregadores, é que selecionamos versículos e neles baseamos nossas pregações, deixando de pregar sobre todos eles. Nós os escolhemos, e se não tomarmos cuidado, optamos por aqueles que certamente todos terão prazer em ouvir – os textos que trazem conforto. Simplesmente não lemos os outros textos. Creio que devemos pregar sobre toda a Bíblia, sobre a palavra de Deus como um todo, sobre todo o conselho de Deus. Paulo, na verdade, partindo de Éfeso, disse aos efésios: "Vocês sabem como eu lhes ensinei. Não deixei de lhes proclamar todo o conselho de Deus, toda a verdade".

Hebreus 6 de fato afirma que se você se afastar de Cristo depois de ter pertencido a ele, não haverá possibilidade de arrependimento, não haverá volta. Alguns cristãos já me perguntaram: "Até que onde um crente pode se desviar a ponto de não ser possível voltar?". Costumo responder: "É uma pergunta perigosa; não corra esse risco". Certa senhora inglesa e abastada publicou um anúncio para a vaga de chofer de seu Rolls Royce. A cada candidato, ela perguntou: "Quão próximo você chegaria da beira de um penhasco sem deixar que o carro caia?". Um dos candidatos respondeu: "Eu chegaria a aproximadamente dois metros da beirada". Outro afirmou: "Eu iria a um metro, no máximo". Um dos candidatos, contudo, respondeu: "A senhora é tão preciosa que eu sequer me aproximaria da beirada de um penhasco", e foi esse que conseguiu o emprego. Aquele que pergunta até que ponto pode retroceder antes de não ter mais volta é alguém que está brincando com o fogo. Trata-se de alguém que, na verdade, está afirmando: "Quão próximo posso chegar do abismo sem cair?". É a pergunta errada. Nem sequer chegue perto disso. Não retroceda, não se desvie, pois o ensinamento bíblico é bastante claro: *há* um ponto sem retorno. Não sei onde ele fica. Só Deus sabe, mas não corra esse risco. Sequer imagine até onde você pode ir. Permaneça firme em Cristo.

O capítulo 6, como já observei, conclui: "Amados, mesmo falando dessa forma, estamos convictos de coisas melhores em relação a vocês". Embora lhes dê um alerta quanto ao ponto sem retorno, o autor afirma: "Estamos convictos...", não absolutamente certos, mas convictos de que você nem se aproximará desse ponto. A paciência de Deus, contudo, pode se esgotar, e precisamos nos lembrar disso.

Vamos ao capítulo 10, onde encontramos, na minha opinião, um alerta muito mais grave, embora muitos não o percebam. A partir do versículo 26: "Se continuarmos a pecar deliberadamente depois que recebemos o conhecimento da verdade, já não resta sacrifício pelos pecados, mas tão-somente uma terrível expectativa de juízo e de fogo intenso que consumirá os inimigos de Deus. Quem rejeitava a lei de Moisés morria sem misericórdia pelo depoimento de duas ou três testemunhas. Quão mais severo castigo, julgam vocês, merece aquele que pisou aos pés o Filho de Deus, que profanou o sangue da aliança pelo qual ele foi santificado, e insultou o Espírito da graça? Pois conhecemos aquele que disse: 'A mim pertence a vingança; eu retribuirei'; e outra vez: 'O Senhor julgará o seu povo'. Terrível coisa é cair nas mãos do Deus vivo!". E alguns versículos adiante, ele afirma: "Por isso, não abram mão da confiança que vocês têm".

Essa sim é uma palavra muito séria. Preste muita atenção. Se você deliberadamente continuar pecando, depois de ter recebido o conhecimento da verdade, nem mesmo a cruz de Cristo pode reconduzi-lo ao arrependimento. O autor nos remete ao livro de Levítico. Todos os sacrifícios de Levítico destinavam-se ao pecado acidental, aquele pecado involuntário em que você simplesmente cai, sem que tivesse a intenção. É oferecido, então, um sacrifício para o pecado não intencional, mas aqui estamos lidando com alguém que, ciente do que estava fazendo, tendo conhecimento da verdade, continua vivendo deliberadamente da mesma forma, e, portanto, exclui a si mesmo da eficácia da cruz. Trata-se de um alerta muito sério.

Considere outra passagem: 2Pedro 2.20. "Se, tendo escapado das contaminações do mundo por meio do conhecimento de nosso Senhor e Salvador Jesus Cristo, encontram-se novamente nelas enredados e por elas dominados, estão em pior estado do que no princípio. Teria sido melhor que não tivessem conhecido o caminho da justiça, do que, depois de o terem conhecido, voltarem as costas para o santo mandamento que lhes foi transmitido. Confirma-se neles que é verdadeiro o provérbio: 'O cão voltou ao seu vômito' e ainda: 'A porca lavada voltou a revolver-se na lama'". Pergunto-me se alguma vez você ouviu um sermão sobre essa passagem. É o mesmo que dizer: "Se, depois de libertar-se do mundo pelo conhecimento de que Jesus é seu Salvador, você retroceder ao seu antigo modo de viver, estará numa condição pior do que se jamais tivesse conhecido o caminho da salvação". Ora, se essa recaída [ou condição pior] simplesmente o privasse de sua recompensa no céu, mas permitisse que você ainda chegasse lá, então, francamente, não estaria pior do que estava antes. O texto está afirmando que se você se desviar, estará, sim, em uma condição pior, pois recairia sobre você a responsabilidade de ter iniciado a vida cristã, escapado do mundo e retornado ao seu antigo modo de viver. Conheceu o caminho da salvação e deu as costas a esse caminho, embora estivesse ciente do que ele fez por você.

Trata-se de um alerta muito sério da palavra de Deus e deve ser observado. Aqueles que conhecem a libertação em Cristo, a liberdade do pecado oferecida por ele, e depois retrocedem são como os cães que retornam ao seu vômito e lambem os enfermos. E conheço a criação de suínos. Sei como são os porcos. Se tratados da forma correta, os porcos estão entre os animais mais limpos da fazenda, porém, sem o cuidado apropriado, eles simplesmente adoram retroceder. Depois de lavá-los e deixá-los limpos, rosados e com boa aparência para exibição em alguma feira, por exemplo, basta colocá-los próximos a algum lugar com lama e eles retornam a ela imediatamente. Pedro está dizendo que você está em uma condição pior do que estaria se jamais tivesse conhecido a salvação, e isso não significa que ainda irá para o céu, perdendo parte da recompensa apenas, mas sim que nem mesmo chegará ao céu. Você conheceu a liberdade que Cristo pode trazer e agora lhe dá as costas.

Eu poderia conduzi-lo por todas as 80 passagens do Novo Testamento que revelam esse alerta! Todos os autores do Novo Testamento, em algum momento, relatam uma passagem com esse tipo de alerta. Nos Evangelhos, Jesus fez a mesma exortação mais de uma vez. Quando contou a parábola do semeador, ele disse que podemos receber a palavra do Reino e ela pode começar a crescer em nós, e, então, ser sufocada pelos cuidados deste mundo. Encontramos um alerta bíblico após o outro. Se os ignorarmos, é por nossa própria conta e risco.

David, você está tentando nos assustar? Sim, porque o temor do Senhor é o princípio da sabedoria. O Novo Testamento não deixa o temor do Senhor para trás, no Antigo

Testamento. O temor do Senhor também está presente no Novo Testamento, repetidas vezes. O que se pode temer do Senhor? A resposta é "o inferno". Em meu livro sobre o inferno, digo: "Eu temo o inferno". Não sou daqueles pregadores que afirmam: "Vocês, incrédulos irão todos para o inferno, mas eu vou para o céu; o problema é de vocês, não meu". Não consigo pregar dessa forma. Somente posso pregar sobre o inferno porque eu mesmo tenho receio de ser enviado para lá. Temo, assim como Paulo, "que, depois de ter pregado aos outros, eu mesmo não venha a ser reprovado".

Quando nossos filhos eram pequenos, não desejávamos lhes transmitir alguma fobia, mas incutir neles um tipo saudável de temor. Fobia é o medo que o paralisa e o domina, a ponto de impedi-lo de se mover, de fazer qualquer movimento. Minha esposa e eu queríamos que nossos três filhos temessem o tráfego de carros na rua. Queríamos que tivessem um temor saudável. Não lhes demos bicicletas até que tivessem esse temor saudável dos carros. Uma de nossas filhas envolveu-se em um terrível acidente. Ela escapou da morte, mas os outros não conseguiram. Nós também os ensinamos a ter temor da sujeira e da infecção, porém um temor saudável. Torna-se fobia se seus filhos não tiverem coragem de andar de bicicleta na rua; mas com um temor saudável, eles podem fazê-lo. Você deve incutir em seus filhos um temor saudável, como a Bíblia faz. Há um temor saudável do Senhor. Está relacionado ao temor de seu juízo, ao temor da rejeição final. É um temor saudável e deve ser encontrado com mais frequência em nós.

O temor do Senhor é um dos elementos mais ausentes em muitas das igrejas que visito. Há um tipo de "camaradagem" com Deus que é bastante inquietante. Certo jovem me disse: "Em nossa igreja adoramos o Deus amigão". Receio que a frase resuma boa parte dos cultos hoje, como se festejássemos com Deus, porque ele é um cara legal e juntos nos divertimos muito. "Terrível coisa", disse o autor de Hebreus, "é cair nas mãos do Deus vivo!". Ouvi muitos pregadores distorcerem esse versículo, afirmando: "Terrível coisa é cair *das* mãos do Deus vivo!". Pode até ser verdade, mas o versículo está dizendo: "Terrível coisa é cair nas mãos do Deus vivo!". Ocasionalmente, preguei em igrejas onde as pessoas tremiam na presença de Deus.

Cristãos que, de fato, tremiam diante de Deus foram chamados de Quakers [do verbo *quake*, que significa tremer], pois, em suas reuniões, literalmente estremeciam quando se davam conta da presença do Deus Todo-Poderoso. Hoje, o grupo chama-se Sociedade Religiosa dos Amigos. A palavra "quakers" saiu de uso, mas refere-se aos primeiros Quakers de Buckinghamshire, Inglaterra, onde eu vivia, que saíram para fundar o estado da Pensilvânia, nos Estados Unidos. Um homem chamado Penn, de um vilarejo próximo ao local onde morávamos na Inglaterra, levou o quakerismo a um dos estados do noroeste dos Estados Unidos, seu nome era William Penn; Pensilvânia. Ele era um quaker. Pertencia a um povo extremamente consciente da presença de Deus. Paulo aconselha: "Ponham em ação a salvação de vocês com temor e tremor". Quando foi a última vez que você viu alguém colocar em ação sua salvação em temor e tremor ao perceber a ação do Deus Todo-Poderoso em sua vida?

Bem, quero apenas introduzir o tema. Sei que estou enfatizando um lado das coisas somente, mas é o lado que tem sido negligenciado, pois se trata do que ninguém deseja ouvir. Quando comecei a pregar, orei a Deus: "Senhor, quero oferecer às pessoas o que elas precisam ouvir, não o que desejam ouvir" – porque me importo com os que me ouvem. Aqui, portanto, está o que você precisa ouvir. É evidente que a discussão desperta indagações na mente de todos. Uma delas é a questão da certeza da salvação, por isso quero discuti-la. "David, você está dizendo que não podemos ter certeza da salvação, não podemos ter certeza do amor de Deus? Quer dizer que temos de acordar todas as manhãs questionando se estamos dentro ou fora?" Não, isso é neurose. Não acordo todas as manhãs com a pergunta: "Sou salvo ou não?" ou "Serei salvo ou não?". Deus deseja que estejamos seguros a seu respeito – seguros de seu propósito em nós.

O Novo Testamento está repleto de promessas que nos oferecem uma certeza, mas muitos cristãos com quem converso fundamentam essa certeza no lugar errado. Buscam na palavra de Deus uma garantia por escrito que lhes traga essa certeza. Veja bem, *há muitos que não querem ser salvos, mas querem se sentir seguros*. Entende o que quero dizer? Eles se convertem e passam a agir como se tivessem assinado uma apólice de seguro de vida. Certamente lhes fizeram a pergunta: "Se morrer esta noite, você estará no céu ou no inferno?" e como não desejam ir para o inferno, contratam um seguro de vida. A Bíblia então lhes assegura que estão fora de perigo. Você não está salvo até que chegue lá, mas pode estar certo de que está a caminho, pois nossa garantia não está baseada nas promessas da Bíblia. Os primeiros cristãos não tinham a Bíblia, não tinham o Novo Testamento, portanto não firmavam sua certeza nas Escrituras. A certeza está fundamentada no Espírito – não na Bíblia, mas no Espírito. É o próprio Espírito que testifica que somos filhos de Deus, e enquanto andarmos no Espírito, estaremos certos do nosso destino. Se você deixar de andar no Espírito e passar a seguir seu próprio caminho, perderá essa certeza. É assim que você sabe que está se desviando do caminho de Deus. Enquanto estiver no caminho da salvação e for conduzido pelo Espírito, terá em seu espírito um testemunho de que está trilhando o caminho para o céu, e mantendo-se firme nesse caminho, ele o conduzirá até lá. Estou explicando de uma forma muito simples. É como se o GPS lhe informasse: "Você está no caminho certo. Mantenha-se nessa estrada e certamente chegará no seu destino". Esse é o tipo de certeza que a Bíblia oferece. A certeza que vem do Espírito Santo. Ele é a fonte da minha certeza. Se eu entristecer o Espírito, a primeira coisa a desaparecer será minha convicção, a certeza de que estou no caminho certo.

É assim que entendo a certeza, e o testemunho do Espírito será confirmado pelo testemunho da minha consciência. A primeira carta de João coloca ênfase no verbo "saber": "para que vocês saibam", "sabemos que", "saibam que", "saberemos que", e o autor refere-se primeiramente ao Espírito. Como sabemos? Por meio do seu Espírito. É isso. Como sabemos? Por meio de nossa consciência que testifica que estamos vivendo uma nova vida. Os dois testemunhos – do Espírito e da consciência em nós – nos tornarão plenamente convictos de que estamos a caminho do céu. Essa é minha compreensão da convicção, pois não se trata de uma inferência [de que somos filhos de Deus] baseada em versículos bíblicos (muitos argumentam "se a Bíblia diz isso, eu acredito e assunto encerrado"). Isso não é garantia. Não dispomos de uma certeza absoluta. Não há garantia alguma de que você chegará lá, mas, ainda assim, você pode ter certeza de que está no caminho da salvação que conduz ao céu.

Quando falo sobre ser salvo e sobre a certeza de estar sendo salvo, costumo ouvir esse tipo de questionamento. Perceba que não afirmo: "Estamos certos de que somos salvos", mas sim: "Estamos certos de que estamos sendo salvos". Por nossa própria consciência e pelo Espírito em nós, temos essa certeza em nosso coração. Ainda estou a caminho, e chegarei lá se me mantiver nele. A chave é essa pequena conjunção condicional *se*. Sublinhe em sua Bíblia todo texto que tiver a palavra "se". No início de 1Coríntios 15, por exemplo, Paulo relaciona os elementos essenciais da fé cristã. São três. A morte de Cristo, o sepultamento de Cristo e a ressurreição de Cristo. Trata-se dos três fundamentos da fé. Ele diz: "Também vos notifico, irmãos, o evangelho que já vos tenho anunciado; o qual também recebestes, e no qual também permaneceis. Pelo qual também sois salvos *se* o retiverdes tal como vo-lo tenho anunciado" [ARA].

Esse é apenas um dos versículos com a condicional "se". Eu poderia citar muitos outros que trazem essa pequena palavra. Uma declaração condicional com "se" costuma ser sempre seguida por uma exortação para seguir em frente, manter-se firme, perserverar. Você está em uma corrida e não faz sentido afirmar: "Comecei a corrida, portanto estou certo de que a terminarei". Não, você perservera e chega até o final. Foi o que Jesus fez. Mesmo quando enfrentou os piores momentos, ele perseverou. Apesar da vergonha a que foi submetido, Jesus seguiu em frente, perseverou e concluiu a corrida. Na cruz, ele pôde dizer: "Está consumado".

Recebi uma profecia há muitos anos quando me sentia bastante inseguro a respeito de meu futuro. Era por volta de 1980. Eu era pastor de uma igreja "bem-sucedida" na Inglaterra e tudo ia muito bem. Eu sabia que a igreja precisava seguir adiante, para a década de 80, mas não conseguia encontrar nela o meu lugar. Sai em retiro com aproximadamente cem pastores e orei: "Senhor, durante esta semana, por favor, me diga se devo continuar liderando essa igreja ou se devo me envolver com outra atividade". E lá estava eu: com novas instalações para a igreja, uma congregação cheia e tudo funcionando bem – qualquer pastor na mesma situação escolheria permanecer ali o resto da vida, mas meu desejo era fazer a vontade do Senhor.

Um dos palestrantes daquele retiro, assim que terminou de falar a todos nós, disse: "Tenho uma palavra do Senhor para quatro homens aqui presentes. Não sei quem são, mas você saberá se é uma das pessoas com quem Deus quer falar". Ele trouxe três palavras do Senhor e nenhuma delas fez sentido para mim. Então, em seguida, ele disse: "Meu filho, você chegou ao limite do seu dom no local onde eu certamente o coloquei. Você não está mais obrigado a permanecer nesse lugar. Ponho essa terra diante de você, mas uma coisa peço: que você entregue nas minhas mãos o que ainda deve ser feito naquela igreja, pois ela é minha, não sua". Cada palavra dessa profecia penetrou meu coração. Ele concluiu dizendo: "Quero que você saia de lá e me sirva, para que um dia possa me olhar nos olhos e dizer: 'Senhor, conseguimos'".

Que bela palavra! Levei comigo uma gravação e a mostrei aos líderes da igreja dizendo: "Estou expondo essas palavras a vocês. Acredito que tenham sido destinadas a mim, mas são vocês que devem cuidadosamente julgá-las. Não vou tomar nenhuma atitude a menos que a confirmem". Os líderes me procuraram e disseram: "Cremos que se trata da palavra do Senhor. Você pode ir". Saí para o desconhecido e, no entanto, ao final de dois anos, eu havia ministrado em 200 cidades da Inglaterra. Desde então, tenho abraçado o ministério itinerante. Eis-me aqui. Creio que estou na vontade de Deus e posso lhe dizer: servir ao Senhor não é maçante, mas é cansativo. Entretanto, acredito estar fazendo o que Deus desejava que eu fizesse.

Outra pergunta que costumo ouvir é: "Como você pode saber? Com base no que está ensinando, como você pode ter certeza?" Eu creio que é possível estar convicto disso, mas não se trata de obter uma garantia por escrito – do tipo que todos parecem buscar. É uma certeza interior, vinda do Espírito Santo e de sua consciência, de que você está no caminho certo, o caminho que conduz ao céu. Se permanecer nesse caminho, você vai conseguir, vai chegar lá.

Também me questionam quanto à questão da *predestinação*. Essa palavra está presente na Bíblia. Creio na predestinação divina, mas muito afirmam: "Se Deus predestinou algo, é certo que acontecerá". Não. Eu creio que há um equívoco sobre a palavra "predestinação", muitas vezes interpretada como "predeterminação". São palavras muito diferentes. Infelizmente, a maioria das pessoas não percebe a diferença. Predeterminar algo é fazer acontecer, forçar que aconteça. Se for predeterminado, deve acontecer, porém Deus não predetermina, ele predestina.

O que é predestinação? É preparar um destino para alguém. Posso lhe dar uma ilustração simples. Cresci com o desejo de ser agricultor. Aos 16 anos, quando deixei a escola, fui trabalhar em uma fazenda. Talvez você não acredite, mas eu costumava me levantar às 4 da manhã para ordenhar 90 vacas. Não conseguiria fazer isso agora, mas foi assim que desenvolvi minha condição física: trabalhando ao ar livre!

Apesar de gostar de trabalhar no campo, pensei: "Aonde essa carreira me levará?". Certo dia, meu pai, professor de agronomia na universidade, me chamou em seu escritório. Disse ele: "David, sei que seu desejo sempre foi ser agricultor e tenho algo a compartilhar com você. Tomei as providências financeiras para que você mesmo seja capaz de administrar um rancho quando completar 21 anos". Fiquei profundamente grato a meu pai por pensar nisso, mas respondi: "Sinto muito; não posso fazer isso, porque há algumas semanas meu Pai celestial me chamou para ser pastor". Foi assim que aconteceu: eu já estava pregando, não em igrejas, mas ao ar livre, na praia, na fila do cinema, onde quer que houvesse pessoas reunidas. Meu púlpito era um velho jipe do exército. Meu desejo era que o mundo conhecesse Jesus.

Certa manhã, então, orei a Deus: "Se o Senhor me disser até o meio-dia de hoje o que espera que eu seja – pregador ou agricultor – eu farei a sua vontade". Todos os meus antepassados, desde John Wesley, haviam sido pregadores, agricultores ou ambos. Pedi: "Diga-me, Senhor, até o meio-dia de hoje, e eu farei o que o Senhor ordenar". Descobri que esse tipo de direção é muito útil e, desde então, não faço coisa alguma sem que Deus claramente ordene e confirme. É responsabilidade dele me guiar. Não é minha responsabilidade tentar ler a sua mente. É dessa forma que entendo a direção de Deus. Eu disse-lhe: "Se o Senhor me disser claramente o que deseja que eu faça, eu farei. Se me disser claramente aonde ir, eu irei. Se me disser claramente o que dizer, eu direi, mas o Senhor é meu chefe e precisa me instruir quanto ao que fazer. E assim farei". Cumpri minha parte do trato e Deus cumpriu a dele. É sua responsabilidade.

Alguém chega ao trabalho na manhã de segunda e ouve de seu chefe: "Adivinhe o que quero que faça hoje"? Não. Se o chefe deseja que você faça algo na manhã de segunda, ele lhe dirá o que fazer. Caso não diga, presume-se que ele espera que você faça na segunda-feira o que fez na sexta-feira, dando continuidade ao seu trabalho. Não se mova até que o Senhor lhe fale com clareza. Continue o que está fazendo até que ele lhe diga claramente: "Mude de emprego; mude de lugar" – seja o que for. Descobri que isso é importante. São muitos os cristãos que colocam a si mesmos na posição em que precisam agir, querem receber direção e, de alguma forma, descobrir o que fazer, insistindo com Deus até que ele lhes diga o que espera deles. Não mude nada até que o Senhor o instrua a fazê-lo. Somente então o faça. Funciona lindamente. Se você ficar impaciente e largar o emprego, ou deixar o lugar onde está para então tentar encontrar algo que o Senhor deseja que faça, estará em dificuldades. Não se mova até que o Senhor diga: "Vá".

Naquela manhã, portanto, eu orei: "Deus, se o Senhor quiser que eu seja pregador, agricultor ou até mesmo as duas coisas, diga-me até o meio-dia de hoje". Às 10h30, um amigo que também trabalhava no campo olhou para mim e disse, durante um café: "David, você não vai acabar atrás do arado. Você vai acabar em um púlpito".

Orei novamente: "Senhor, não está claro o bastante". Deixei meu amigo no campo e fui para o centro da cidade de Newscastle, a noroeste da Inglaterra, e sou capaz de levá-lo exatamente ao local onde estava quando encontrei um pastor metodista que não via há anos. Cumprimentei-o dizendo: "Sr. Scott, é um prazer vê-lo outra vez. Como está?". Ele não respondeu. Disse apenas: "David, por que você não está no ministério?". Finalmente, admiti: "Isso é claro o bastante, Senhor".

Portanto, nunca cheguei a administrar a propriedade que meu pai havia providenciado para mim, mas se eu tivesse aceitado o cargo poderia sempre afirmar: "Meu pai me predestinou para ser um agricultor aqui". Entende o que estou dizendo? Ele não predeterminou. Na realidade, eu disse não, mas se tivesse dito sim, eu poderia ter falado sobre predestinação: o destino que meu pai preparou de antemão para mim. É isso que significa predestinação. Não significa que Deus me trate como um fantoche e predetermine o que farei. Quando eu aceitar seu plano – que é muito melhor do que o meu – posso dizer: "Ele predestinou". Ele preparou o plano. Eu o aceitei, e agora sei que muito antes de eu ter aceitado, ele havia preparado tudo.

Quando olho para o meu passado, há muitas coisas das quais não me orgulho. Tenho arrependimentos na vida, mas o plano de Deus para mim foi absolutamente correto. Ele me predestinou para isso. Tinha definido seu plano muito antes que eu o conhecesse, mas, aos meus 17 anos, submeti-me a esse plano, dizendo: "Tudo bem, Senhor, farei a tua vontade". Não tenho qualquer arrependimento quanto a isso. Na verdade, não trocaria de lugar com ninguém. É uma alegria chegar ao fim da vida e perceber que cumprimos o plano de Deus. Ele tem um plano para cada pessoa, e percebo que estava me preparando para andar nesse plano mesmo antes de eu aceitá-lo. Como um jovem agricultor, era membro do que chamávamos de Clube dos Jovens Agricultores. Como eu participava das competições de oratória, comecei a aprender a falar em público antes mesmo de me converter. Deus usou os debates do Clube dos Jovens Agricultores como preparação para que eu falasse de forma clara e convincente ao público. Posso ver que esse era o seu plano. Estava me preparando para o plano e preparando o plano para mim.

Isso é predestinação, e me agrada que seja assim, mas não é predeterminação. Ele não me forçou a fazê-lo. Eu poderia ter resistido. Poderia ter dito não a meu Pai celestial e sim ao meu pai terreno, e estaria ordenando vacas neste momento. A atividade agrícola enfrenta muitos problemas em meu país. Muitos agricultores cometem suicídio por causa das dificuldades em obter seu sustento. Mas não é por essa razão que não me arrependo de não ser agricultor. De fato, eu aprecio essa atividade e tenho nela muito prazer, mas ainda assim não faria nada diferente. A predestinação, portanto, harmoniza-se com nossa vontade.

Preciso concluir esse assunto. O temor do Senhor é parte da nossa caminhada com Deus. Um dia, quando formos perfeitos em amor, todo temor desaparecerá. Ele não será mais necessário. O perfeito amor lança fora o medo, mas enquanto seu amor for imperfeito, haverá um temor saudável de não conseguir. Isso não faz de mim um neurótico. Não me levanto todas as manhãs duvidando da minha condição de cristão, mas sei que se me afastar do caminho de Deus e minha certeza começar a vacilar – obrigado, Senhor, por me alertar – voltarei rapidamente ao caminho.

Foi por essa razão que John Bunyan escreveu um livro chamado *O Peregrino*. Espero que você o leia. Ele viu a vida cristã como um Caminho, uma estrada. Todos começam trilhando essa estrada e dela se desviam, e, no final do caminho, enquanto o Peregrino, chegando ao rio Jordão, avista ao longe a Cidade Celestial e percebe que tudo o que precisa fazer é cruzar esse rio, seu companheiro olha para o rio em vez de olhar para a cidade, e afirma: "Esse rio é profundo e turvo, é perigoso. Não me agrada tentar atravessá-lo". O amigo vira para a esquerda onde há um caminho que leva para longe da Cidade Celestial. O amigo deixa o Peregrino e segue por esse outro caminho. John Bunyan escreve: "Vi então que há uma estrada que conduz para o inferno bem perto das portas do céu". Essa foi a inspiração do título de meu livro *The Road to Hell* [A estrada para o inferno]. Mesmo ao final de sua peregrinação, você ainda pode se desviar do caminho. Talvez, quando chegar à minha idade, você precise ser duplamente cuidadoso para não se afastar da estrada, para que possa terminar sua jornada de forma triunfante.

Charles Wesley é o autor dos hinos que mais admiro. Seus hinos são cheios da palavra de Deus. Um verso de oito linhas pode fazer menção a dezesseis versículos bíblicos. Ele estava imerso na Bíblia e tinha um grande talento para poesia. Alguém me disse certa vez: "Se você não encontrar um hino de Charles Wesley para ser entoado depois de sua pregação, deve perguntar a si mesmo: 'Eu deveria ter pregado sobre isso?'". Charles Wesley falou sobre toda a Bíblia em seis mil hinos maravilhosos. Perdemos a maioria deles, mas há um breve cântico de sua autoria. Quero citá-lo para provar que ensinei o que é certo, pois há um hino de sua autoria sobre o tema.

> Ah, Senhor! Venho confessar com tremor,
> Uma alma graciosa pode se afastar do seu favor
> O sal pode perder seu sabor
> E jamais encontrar seu teor
> Para que esse fato terrível não me ocorra
> Entretece minha alma para que eu não morra
> Mostra-me o caminho, é meu clamor
> E guia-me pelos vales profundos do singelo amor
> [tradução livre]

Essa é minha mensagem. Receio que a vasta maioria dos pregadores evangélicos não pregue sobre o que ensinei aqui. Não creia simplesmente porque fui eu quem o disse. Não diga: "Sabe o que David Pawson diz sobre esse tema?". Não ouse usar meu nome! Estude a palavra de Deus. Mergulhe em sua Bíblia e descubra se o que eu lhe disse encontra-se de fato ali. Depois vá e conte aos outros o que a Bíblia, a palavra de Deus, diz.

SOBRE DAVID PAWSON

Conferencista e escritor com inabalável fidelidade às Sagradas Escrituras, David traz clareza e uma mensagem de urgência aos cristãos para que descubram tesouros escondidos da Palavra de Deus.

Nascido na Inglaterra em 1930, David iniciou sua carreira com formação em Agronomia pela Universidade de Durham. Quando Deus interveio e o chamou para que se tornasse Pastor, ele concluiu o Mestrado em Teologia pela Universidade de Cambridge, e, durante três anos, serviu como capelão na Força Aérea Real. Passou então a pastorear várias igrejas, entre elas o Centro Millmead, em Guildford, que se tornou um modelo para muitos líderes de igrejas do Reino Unido. Em 1979, o Senhor o conduziu a um ministério internacional. Atualmente, seu ministério itinerante é predominantemente para líderes de igrejas. David e sua esposa, Enid, moram hoje no condado de Hampshire, no Reino Unido.

Ao longo dos anos, ele escreveu um grande número de livros, publicações e notas diárias de leitura. Suas extensas e muito acessíveis análises dos livros da Bíblia foram gravadas e publicadas em "Unlocking the Bible" (A Chave para Entender a Bíblia). Milhões de cópias de seu material de ensino têm sido distribuídas em mais de 120 países, oferecendo sólido embasamento bíblico.

Ele é considerado o "pregador ocidental mais influente na China" graças à transmissão de sua bem-sucedida série "Unlocking the Bible" a todas as províncias da China, através da God TV. No Reino Unido, os ensinos de David são transmitidos com frequência pela Revelation TV.

Incontáveis fiéis em todo o mundo também se beneficiaram de sua generosa decisão, em 2011, de disponibilizar sua extensa biblioteca audiovisual, sem custo algum, em: **www.davidpawson.org**. Recentemente, todos os vídeos de David foram carregados em um canal específico em: **www.youtube.com**

SÉRIE A BÍBLIA EXPLICA
VERDADES BÍBLICAS APRESENTADAS DE FORMA SIMPLES

Se você foi abençoado com a leitura deste livro, saiba que outros títulos da série estão disponíveis. Acesse **www.aBibliaexplica.com** e inscreva-se para baixar mais livros gratuitos.

A série A Bíblia Explica inclui:
A Fascinante História de Jesus
A Ressurreição: O ponto central do cristianismo
Como Estudar a Bíblia
A Unção e o Enchimento do Espírito Santo
O Batismo no Novo Testamento
Como Estudar um Livro da Bíblia: Judas
Os principais passos para se tornar um cristão
O que a Bíblia diz sobre: Dinheiro
O que a Bíblia diz sobre: Trabalho
Graça: Favor imerecido, Força irresistível ou Perdão incondicional?
Seguro para sempre? O que a Bíblia diz sobre: Salvação
O Fim dos Tempos
Três textos geralmente usados fora do contexto: Explicando a verdade e expondo o erro
A Trindade
A Verdade sobre o Natal

Você também pode adquirir cópias impressas em:
Amazon ou **www.thebookdepository.com**

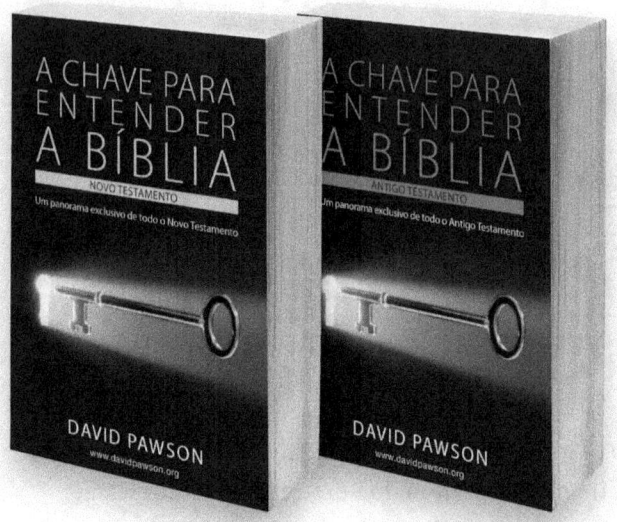

A CHAVE PARA ENTENDER A BÍBLIA

Um panorama exclusivo do Antigo e do Novo Testamento, nas palavras de David Pawson – conferencista e escritor evangélico, reconhecido internacionalmente. "*A Chave para Entender a Bíblia*" elucida a palavra de Deus de maneira inovadora e poderosa. Em uma clara distinção aos tradicionais estudos e comentários bíblicos que tratam versículo por versículo, este livro apresenta a história épica do relacionamento entre Deus e seu povo, em Israel. A cultura, o contexto histórico e os personagens são apresentados e os ensinamentos são aplicados ao mundo contemporâneo. Oito volumes foram compilados nesta edição abrangente, compacta e fácil de usar, com tópicos que cobrem o Antigo e o Novo Testamento.

Do Antigo Testamento: As Instruções do Criador – Os Cinco Livros da Lei; Uma Terra e um Reino – Josué, Juízes, Rute e 1 e 2 Samuel, 1 e 2 Reis; Poemas de Louvor e Sabedoria – Salmos, Cântico dos cânticos, Provérbios, Eclesiastes, Jó; Declínio e Queda de um Império – Isaías, Jeremias e outros profetas; A Luta pela Sobrevivência – Crônicas e os profetas do exílio.

Do Novo Testamento: O Eixo da História – Mateus, Marcos, Lucas, João e Atos; O Décimo Terceiro Apóstolo – Paulo e suas cartas; Do Sofrimento à Glória – Apocalipse, Hebreus, as cartas de Tiago, Pedro e Judas.

Este livro é um best-seller internacional.

OUTROS MATERIAIS DE ENSINO
DE DAVID PAWSON

Para acessar a lista atualizada com os títulos de David Pawson, visite:
www.davidpawsonbooks.com

Para comprar os materiais de ensino de David Pawson, acesse a página:
www.davidpawson.com

www.ingramcontent.com/pod-product-compliance
Lightning Source LLC
Chambersburg PA
CBHW071507080526
44587CB00016B/2723